L 27
n
20418

L_n 27 20418.

M. VIENNET

AUX

JEUX FLORAUX

(3 mai 1864)

Paris, le 25 mai 1861.

Cher et ancien ami,

Je vous remercie de la communication que vous avez bien voulu me faire des journaux de Toulouse qui rendent compte des honneurs que vous avez reçus dans une fête nationale qui nous transporte aux temps où des hommages publics étaient décernés à

L'accord d'un beau talent et d'un beau caractère !

En vous rendant ces journaux, j'y joins quelques exemplaires que j'ai fait imprimer, pensant que vos amis et les amis des lettres ne seront pas moins charmés que moi d'un récit qui nous fait participer à une fête aussi honorable pour vous qu'elle l'est pour la ville de Toulouse.

Agréez l'assurance de mon dévouement le plus affectueux.

AMBROISE FIRMIN DIDOT.

M. VIENNET

AUX

JEUX FLORAUX

(Extrait de l'*Illustration du Midi*, du 8 mai 1864.)

Ce n'est pas notre faute si nous parlons aujourd'hui encore séances littéraires, fêtes académiques, couronnes de laurier. Ne dirait-on pas que la Province s'entend avec Paris pour multiplier les solennités de ce genre? Elle sait même leur donner une physionomie originale, les rehausser par des incidents imprévus, piquants, tellement rares, qu'il n'est pas probable qu'on les voie se reproduire deux fois dans le même siècle.

Témoin ce qui vient de se passer le 3 mai dernier à Toulouse. Comme nous l'avons déjà dit, l'Académie des Jeux Floraux avait nommé maître ès *leys d'amor*, un troubadour de quatre-vingt-six ans, le doyen de l'Académie française et des lettres européennes, l'inépuisable et spirituel auteur d'un poëme épique tout fraîchement éclos,... M. Viennet. Or, cet amant toujours jeune de la poésie n'a pas été effrayé par les fatigues d'un long voyage, et il est venu passer la lune de miel, je veux dire la fête des fleurs, auprès de sa nouvelle muse, au sein des amaranthes, des soucis et des œillets du Parnasse toulousain.

On dit même que l'autre Académie, qui n'a plus pour l'aimable vieillard les charmes d'une fiancée, s'est montrée jalouse, et qu'en entendant la brûlante poésie destinée à

Clémence Isaure, elle s'est écriée par la bouche de son secrétaire perpétuel : « Le bourreau ! il n'en ferait pas autant pour nous ! »

* *
*

Aussi a-t-on célébré sa bien-venue bruyamment, joyeusement, cordialement. L'auditoire de la salle des Illustres ne sentait nullement la Province ; ramage et plumage, tout y était bien ; et M. Viennet, fêté, applaudi, ému, a pu dire, sans étonner personne, que ce jour-là serait un des plus beaux de sa vie.

Puisse un tel jour effacer de son souvenir quelques-uns des jours mauvais qui n'ont pas manqué à sa longue carrière poétique ! puisse la vieille capitale des Wisigoths, où reposent les héros que sa muse a chantés, lui faire oublier ces barbares modernes qui osèrent siffler *Arbogaste*, ces Welches chevelus « dont les fibres étaient d'acier, les nerfs de cuir racorni, dont « le cœur était un potiron ! »

Le remercîment de M. Viennet est une vigoureuse protestation en faveur de l'antique « Melpomène » contre le « Thespis étranger. » Certes, à l'heure qu'il est, il y a quelque courage dans cette inaltérable fidélité.

Justum et tenacem propositi virum...
Impavidum ferient ruinæ !

Nous aimons les colères de ce « classique devenu vieux, » se rappelant encore le temps où, « tout échappé de collége, lui croyait devoir son premier coup de pied. » Il est évident que lorsqu'il félicite les héritiers des troubadours d'avoir dérobé le flambeau de l'art *au souffle impur du moyen âge*, il n'entend parler que de l'art poétique. M. Viennet a trop bon goût, assurément, pour trouver la Sainte-Chapelle d'une inspiration moins pure que le dôme de l'Institut.

Honneur donc au disciple d'Aristote et de Boileau, qui promet de rester fidèle à ses maîtres jusqu'à son dernier soupir; qui même, de ce monde inconnu, *où survit la conscience humaine*, est bien résolu de protester encore :

. . . . . . Mainteneurs de notre vieille gloire,
Du fond de mon tombeau je vous dirai : Merci.

* *
*

L'énergique remercîment du nouveau maître ès jeux n'est pas le seul défi qu'il ait cru devoir lancer cette année à ses insolents adversaires. Il a fait preuve d'un plus héroïque dévouement aux traditions classiques. Il a publié une épopée en dix chants — *la Franciade*.

La tradition qui a inspiré ce poëme, « par laquelle l'origine de notre race se rattache à la postérité d'Hector », a été longtemps répandue dans notre littérature, et l'on en trouve particulièrement des traces dans plusieurs de nos poëmes du moyen âge, qui l'ont adoptée en l'enrichissant. Voilà un sujet grand par lui-même; il y a quelque chose de majestueux dans cette croyance qui fait renaître un peuple de la cendre d'un autre, qui place l'ombre d'Hector et le souvenir de Troie au seuil de notre histoire, et qui, tenant à la fois à l'*Énéide* et aux *Martyrs,* permet d'unir Homère à Chateaubriand, l'inspiration antique à l'inspiration moderne; de peindre le contraste de deux cultes, le mélange, la fusion définitive de deux civilisations et de deux races.

Sans se laisser émouvoir par tous ces rapprochements et par le souvenir des trouvères, M. Viennet est resté le plus résolûment classique de tous les poëtes actuels. Le genre une fois admis, rien n'empêche de reconnaître que l'auteur s'est acquitté de sa tâche avec une verve qui prouve la sincérité de sa conviction et tout le plaisir qu'il y a trouvé. Cette verve ne s'est même pas refroidie dans l'intervalle d'un demi-siècle qui a séparé les premiers chants de ces derniers : c'est, d'un bout à l'autre, la même veine fluide et facile, la même langue sobre, élégante et nette, le même agrément et le même mouvement.

Rien ne manque d'ailleurs à cette épopée, ni l'invocation, ni le récit, ni le songe, ni la descente aux enfers, ni les batailles, ni les allégories, ni les personnifications métaphysiques. On ne peut s'empêcher d'admirer ce chantre des anciens jours, ce classique incurable, qui a la courageuse et touchante conviction de publier un poëme épique en dix chants, selon les préceptes de Le Batteux, sous le ministère de M. Duruy et le préfectorat de M. Haussmann, en demandant une introduction à M. Jules Janin.

* *
*

Dans la séance solennelle du 3 mai — j'ai été frappé de cela dans mon humble coin — le doyen de l'Académie française était assis non loin du doyen des Jeux Floraux. Ces deux poëtes ont entre eux plus d'un point de ressemblance. Tous deux ont conservé, sous leur épaisse couronne de printemps, la même verve, la même fécondité poétique; tous deux ont cultivé avec succès un goût léger, délicat, difficile, et les fables de M. Ducos ont été souvent applaudies à Toulouse, comme celles de M. Viennet à Paris. Enfin, et cette dernière coïncidence est plus rare, tous deux sont poëtes épiques ; sur l'estrade académique, l'auteur de l'Épopée française semblait donner la main à l'auteur de l'Épopée toulousaine.

Au temps de la décadence romaine, deux augures ne pouvaient se rencontrer sans rire. Hélas ! dans notre siècle d'opérettes et de féeries, dans notre siècle de chaudières et de fourneaux, c'est une impression plus mélancolique, sans doute, et plus triste que doivent ressentir deux poëtes épiques qui se rencontrent.

Autrefois il y avait des rapsodes qui chantaient les vers d'Homère;

Aujourd'hui il y a des gamins qui chantent *Le pied qui r'mue!*

* *
*

Je suis, par position, tout à fait étranger aux choses de la politique ; je ne m'informe de rien pour n'avoir pas même la tentation de parler. Je serais très-reconnaissant envers celui de mes lecteurs qui voudrait bien me renseigner *franco* sur ce qui s'est passé récemment en Angleterre. Au point de vue purement littéraire, je ne puis m'expliquer les applaudissements prolongés qui ont accueilli, dans la salle des Illustres, tous les passages, en prose ou en vers, où il était question de notre cordiale alliée.

Un orateur parle de la *comédie, de ses apothéoses* — bravos répétés, trépignements enthousiastes. Est-ce à l'adresse de Shakespeare? Non, je ne puis croire que le public prenne à ce point le parti de M. Viennet contre « le Thespis étranger. »

Un poëte représente le statuaire David « repoussant du pied l'arrogante insulaire », — bravos enthousiastes, applaudissements frénétiques.

Ce même poëte montre Jean Bart,

. . . . . . l'œil fixé sur les eaux. . . . .
Dévorant l'horizon pour courir aux vaisseaux
Qu'il va ravir à l'Angleterre.

Hurrahs provocants, trépignements factieux...

* *

Je finirais par demander au voisin ce que cela veut dire, et je ne pourrais résister à l'envie de m'en expliquer dans ce *Courrier*. Je quitte donc l'Académie et je me sauve dans une église voisine... Un dominicain parle du haut de la chaire. En vérité, le P. Caussette a eu raison de le dire, il y a quelque chose de légendaire dans le souvenir du grand orateur de Notre-Dame : la seule vue de son habit blanc fait battre le cœur. Le frère prêcheur que je viens d'entendre est le P. Garcenot, c'est une éloquente et douce parole, une parole qui va à l'âme. Je comprends que la foule se presse pour l'écouter.

Ces bons dominicains ont des moyens à eux pour attirer des auditeurs de tout genre et faire du bien à tous. Un jeune religieux de cet ordre prêche en ce moment dans une des plus grandes églises de Toulouse, à la Dalbade. Chacun de ses sermons débute par un exorde qui n'a pas été prévu dans les cours de rhétorique..., — un morceau de chant.

Oui, et ce qui ne gâte rien, un morceau de chant délicieux, qui est suivi d'un sermon à l'avenant. Le troisième soir la vaste nef débordait. Que voulez-vous, pêcher des âmes avec des triples croches, en guise d'hameçon... les saints en ont fait bien d'autres !

* *

Ce que c'est pourtant qu'une causerie ! Nous avons été conduit de l'habit vert de M. Viennet au froc de saint Dominique, de la *Franciade* au mois de Marie ! Bah ! tout cela n'est peut-être pas aussi disparate qu'on serait tenté de le croire ; M. Viennet n'a-t-il pas annoncé dans la préface de son poëme, qu'il tenait en réserve une *Histoire de la Papauté ;* et le secrétaire perpétuel des Jeux Floraux n'a-t-il cru pouvoir saluer, en la personne de l'auteur de la réponse à M. de Carné, « les défenseurs du Saint-Siége, les Montalembert et les Dupanloup ! »

De la Garonnière.

(Extrait du *Journal de Toulouse*, du 8 mai 1864.)

L'Académie des Jeux Floraux a célébré, hier 3 mai, le 541ᵉ anniversaire de sa fondation. Personne n'ignore, en effet, que l'Académie a succédé aux poëtes-mainteneurs qui se réunirent pour la première fois, le 3 mai 1323, dans le monastère des Augustins, et qui continuèrent, tous les ans, à la même époque, de couronner les poëtes vainqueurs dans ces luttes pacifiques. La date de la distribution des prix a été fidèlement conservée. Ce jour-là, grâce aux constantes libéralités de la ville, la fête se célèbre avec une grande solennité. Hier, plus que les années précédentes, la foule était considérable dans la salle des Illustres. A l'attrait d'une séance littéraire, dont les villes de province sont la plupart privées, se joignait la présence d'un homme estimé pour son caractère aussi bien que pour son talent, un vétéran de la pensée libre, de la poésie vraiment française, un ancien membre de nos assemblées politiques, M. Viennet enfin. Tout le monde voulait saluer cette noble illustration de notre Midi, restée toujours pure au milieu de tant de choses et d'événements, cette verte et féconde vieillesse, qui couronne une longue et honorable carrière. Les témoignages d'une respectueuse mais vive sympathie ont accueilli le spirituel et gracieux académicien.

Aux places réservées, on remarquait M. le maréchal Niel,

M. le Préfet, M. le Procureur général, M. le Recteur, M. Cazeaux, faisant fonctions de maire.

A une heure, les mainteneurs ont pris séance. M. Boutan a lu l'éloge de Clémence Isaure, écrit en vers par M. Boulay-Paty, de Rennes, maître ès jeux.

M. Rodière, modérateur, a adressé à M. Viennet, en lui remettant ses lettres de maître ès jeux, une allocution qui se termine par les phrases suivantes :

« Ce n'est pas seulement notre académie qui vous remercie d'avoir bien voulu venir augmenter aujourd'hui l'éclat de notre fête, c'est la ville des Maîtres du Gai Savoir tout entière. Vous la voyez représentée ici par l'élite de sa population, impatiente de joindre ses applaudissements à ceux que vous receviez, il y a quelques mois à peine, à Paris, de l'auditoire le plus éclairé qui existe au monde, mais dont les sympathies pour votre personne ne pouvaient pas être plus vives que les nôtres ; car tous ici nous placerons le bonheur de vous avoir vu et de vous avoir entendu au nombre de nos plus doux souvenirs. »

M. Viennet s'est ensuite levé et a donné lecture de son *remerciement*. Nous le reproduisons tel qu'il a été prononcé par l'illustre membre de l'Académie française :

 Merci vous dis, Maîtres du Gai Savoir,
 Dont l'antique laurier vient ombrager ma tête,
  Qui de mes longs jours de poëte,
 Par un nouveau suffrage embellissez le soir.
 Dans ce monde inconnu vers qui l'âge m'entraîne,
 Où survit, je le crois, la conscience humaine,
 J'emporterai de vous deux souvenirs bien chers.
 J'étais à vous déjà par la reconnaissance ;
 C'est vous qui, les premiers, souriant à mes vers,
 Avez, depuis cinquante et bientôt quatre hivers,
 A mes rêves de gloire ajouté l'espérance ;
  Vous qui, me mettant à la main
  Une fleur de Clémence Isaure,

A ma muse ignorée encore
Du temple de Mémoire ouvrites le chemin.

Merci vous dis, à vous qui, par droit de lignage,
Des derniers troubadours recueillant l'héritage,
Avez de l'art des vers dérobé le flambeau
　　Au souffle impur du moyen âge.
Cet art est menacé d'un déluge nouveau.
Ce flambeau meurt aux mains d'une ligue hautaine,
Qui, voyant dans la règle une honteuse gêne,
S'affranchit et se rit des leçons de Boileau :
Et le public toujours aux novateurs fidèles,
Pour les folles erreurs de l'école nouvelle
　　Déserte le culte du beau.

Pour les combattre, en vain ma verve se ranime.
Mes conseils et mes vœux sont le jouet des vents.
La vieille poésie a, dit-on, fait son temps,
Et, pour eux, l'art des vers n'est plus que dans la rime.
Que leur font la raison, le rhythme, la clarté,
　　Le mot propre, la vérité ?
Tout mot est bon pour eux s'il a de l'harmonie.
Qu'importe ce qu'il dit si l'oreille est ravie ?
Qu'ont-ils besoin de goût quand l'art est satisfait ?
Le goût n'est qu'une entrave, et le rimeur parfait
　　Se passe même de génie.
Impuissants à créer et même à concevoir
Ces œuvres dont l'éclat, la grandeur éternelle,
Du temps qui détruit tout défiant le pouvoir,
Promettaient au poëte une palme immortelle,
D'en étouffer la gloire ils ont le fol espoir :
　　Et l'orgueil de ces téméraires
Ose leur opposer des œuvres éphémères
Qui naissent le matin et périssent le soir.

　　Quand l'industrie et la science,
S'ouvrant des horizons qu'on n'eût osé prévoir,
De merveilles sans nombre enrichissent la France,
　　De leur grandeur, de leur magnificence,
Les premiers de nos arts se plaisent à déchoir.

Le sublime, le grand, sont bannis de la scène,
S'ils ne sont émaillés d'ignoble et de bouffon.
Le proverbe effronté la vole à Melpomène.
Ailleurs l'extravagant la dispute à l'obscène,
Le caprice la livre à des œuvres sans nom.
Ils ont proscrit Racine, ils proscriraient Virgile,
Briseraient les autels de Sophocle et d'Eschyle,
Si l'imposante voix de cent peuples divers,
  Contre ces bâtards de Zoïle,
 N'en défendait et les noms et les vers.

Mais de ces grands auteurs qui veut suivre la trace
N'obtient qu'un froid accueil, si ce n'est le mépris.
  Si la satire lui fait grâce,
Un silence de mort pèse sur ses écrits ;
On traite ses pareils d'imitateurs serviles.
Et par qui sont lancés ces traits injurieux ?
  Par les copistes malhabiles
D'un Thespis étranger qu'ils égalent aux dieux.
Ils appellent progrès ce qui n'est à mes yeux
  Qu'une honteuse décadence,
Et, loin d'ouvrir à l'art des chemins vers les cieux,
 Le ramènent vers son enfance.

Non, je n'espère plus qu'avant mes derniers jours
  Une seconde renaissance,
Du vrai comme du beau relevant la puissance,
De leur honteux déclin vienne arrêter le cours.
  Mais vous, qui renaissez toujours,
  A qui cinq siècles d'existence
  Promettent cinq siècles sans fin,
Ne laissez point périr dans notre belle France
Le culte des grands noms et de cet art divin
Qui fit, sous un grand roi, renaître dans Lutèce
Les jours les plus brillants de Rome et de la Grèce.
De l'avenir du goût faites votre souci,
Maîtres du Gai Savoir, assurez sa victoire,
Soyez les Mainteneurs de notre vieille gloire.
Du fond de mon tombeau je vous dirai : Merci.

De vifs applaudissements, longtemps contenus, ont éclaté à la fin de cette lecture, faite par le spirituel académicien avec une véritable finesse.

Des commissaires de l'Académie, précédés de l'excellente musique du 1ᵉʳ de ligne, escortés par un détachement d'infanterie, se sont rendus à l'église de la Daurade pour recevoir les fleurs d'or et d'argent, exposées depuis le matin, sur l'autel.

M. François Sacase a donné lecture du rapport sur le Concours, pendant l'absence des commissaires ; à leur retour, on a proclamé les vainqueurs. Nous croyons devoir rappeler quels sont les ouvrages couronnés dans le Concours de 1864 :

Au Pays de Bocage, Ode, par M. Stéphen Liégeard, de Dijon (Côte-d'Or), a obtenu une Violette réservée.

La Nuit, Ode, par M. Paul Blier, à Coutances (Manche), a obtenu un Souci réservé.

David (d'Angers), Poëme, par M. Julien Daillière, à Paris, a obtenu une Violette réservée.

Le Retour aux Pyrénées, Poëme, par M. Lesguillon, d'Orléans, a obtenu un Œillet.

Les Plaisirs de Luchon, Épître, par M. Stéphen Liégeard, de Dijon (Côte-d'Or), a remporté le prix du genre et de l'année.

A la petite ville d'A..., Épître par Auguste Lestourgie, d'Argentat (Corrèze), a obtenu un Souci réservé.

Les Adieux aux beaux jours, Élégie, par Mˡˡᵉ Nathalie Blanchet, de Saint-Genoux-le-Royal (Saône-et-Loire), a remporté le prix du genre et de l'année.

La Tour des Ombres, Ballade, par M. Sabin Aressy, à Agde (Hérault), a obtenu un Œillet.

Virgini Deiparæ, Sonnet en l'honneur de la Vierge, par M. Georges Garnier, de Bayeux (Calvados), a obtenu un Lis réservé.

Le Moucheron voyageur, Fable, par M. Auguste Roussel, de Paris, a obtenu une Primevère réservée.

Étude sur la Critique littéraire en France au XIXᵉ siècle, Discours en prose, ayant pour épigraphe « *Qu'entre jeunes et vieux la guerre soit finie,* » par M. l'abbé Adrien Lézat, de Toulouse, a obtenu une Violette réservée.

Le discours en prose sur le même sujet, ayant pour épigraphe :

« *En général, la critique a deux caractères bien différents, selon qu'elle s'exerce sur les vivants ou sur les morts* », par M. Jules David, de Fontainebleau (Seine-et-Marne), a obtenu un Souci réservé.

MM. Liégeard, Daillière, Aressy et Garnier étaient présents ; ils ont donné lecture de leurs ouvrages.

Après la remise des fleurs aux lauréats, M. Viennet a bien voulu dire deux fables inédites, dédiées à l'Académie et qui enrichiront le prochain recueil de cette Société. Nous ne pouvons à notre grand regret, donner que le titre de ces deux fables : *le Chien et le Chat*, *le Vieillard et les Bengalis*. Cette lecture, faite avec une grâce charmante, a causé de vrais transports d'enthousiasme.

Il n'y avait qu'une voix dans la brillante et nombreuse assemblée, pour affirmer que la séance littéraire d'hier a été une des plus intéressantes qui aient eu lieu depuis longues années.

(Extrait de l'*Illustration du Midi*, de mai 1864.)

M. Viennet a bien voulu communiquer à l'un de ses nouveaux confrères, pour *l'Illustration du Midi*, le manuscrit de la fable *le Chien et le Chat*, si spirituellement dite et si chaudement applaudie à la séance du 3 mai. — Le fabuliste de notre Académie, M. F. Ducos, avait été assez bon, lui aussi, pour mettre à notre disposition quelques-unes de ses fables inédites. Il ne nous en voudra pas, nous en sommes sûrs, si, nous conformant aux prescriptions du droit d'aînesse et de l'hospitalité, nous donnons le pas à l'hôte illustre de notre Capitole.

Le Chien et le Chat.

Un chat, qu'en un bosquet un chien avait surpris,
Se sauva de sa gueule en montant sur un chêne ;
Et, sur le tronc fourchu tranquillement assis,
Se mit à le railler, à gourmander sa haine.

« Jappe, jappe plus fort, dit-il au furieux, »
Qui, droit comme une quille assis sur son derrière
  Le mufle en l'air et le front en arrière,
Le menace des dents, le dévore des yeux ;
« N'as-tu pas de vergogne, insolente canaille,
« D'abuser de ta force et de ta haute taille
  « Pour t'attaquer à plus faible que toi ?
« Avais-tu, misérable, à te plaindre de moi ?
  « T'avais-je fait la moindre offense ?
« Mais tu naquis hargneux, querelleur et méchant.
« Tu ne cherches qu'à mordre, et ton mauvais penchant
« N'a pas même pitié de la pauvre innocence. »

Pendant que mon matou pérore et le maudit,
Un bruit se fait entendre au-dessus de sa tête.
C'étaient des oisillons qui piaulaient dans leur nid,
    Et dont la mère était en quête
    Pour contenter leur appétit.
Mon chat a tout à coup oublié sa morale.
Vers les pauvres petits il monte à petits pas,
  Et sans pitié les croque et les avale.

    Bien des hommes en pareil cas
    Ne vaudraient pas mieux que les chats.
Faibles ou malheureux, ils font les bons apôtres,
S'ils sont forts et puissants, ils font ce qui leur duit.
    La morale qu'on prêche aux autres
    N'est pas toujours celle qu'on suit.

Le Vieillard et les Bengalis.

Respectez vos parents, enfants, je vous le dis,
Pour que le ciel un jour vous donne de bons fils.
Ayez pour votre père une vive tendresse ;
Et lorsque par les ans ses cheveux sont blanchis,
N'enviez pas les biens dont jouit sa vieillesse.
Laissez faire le temps, ne hâtez point ses pas.
    Souhaitez même qu'il diffère.
Sachez attendre, il ne l'oubliera pas.
    Tels n'étaient point les fils ingrats
    Dont je dépeins le caractère.

« L'âge vous affaiblit, disaient-ils à leur père.
« Vos pas sont chancelants, vos bras sont énervés.
« Donnez-nous à chacun notre part d'héritage.

« Nous soignerons vos jours ; vous aurez en partage
« Plus de blé, plus de vin, plus d'or que vous n'avez. »

Le vieillard ressentit une douleur amère,
Mais par un doux sourire il la sut déguiser.
« Venez, dit-il, venez visiter ma volière ;
« En soignant mes oiseaux, nous pourrons en causer.
« Voyez ces bengalis, que le père et la mère,
« En gazouillant de joie et tressaillant d'amour,
      « S'en viennent nourrir tour à tour.
« Ils vont prendre l'essor, si j'en crois leur plumage.
      « Et dès l'instant qu'ils l'auront pris,
      « J'enfermerai dans une cage
      « Ceux qui les ont si bien nourris.
« Si les fils à leur tour avec le même zèle
« Rendent à leurs parents les soins qu'ils ont reçus,
      « Je me mets sous votre tutelle,
« Et mes biens à l'instant vous seront dévolus. »

Ce jour même, en effet, s'envole la nichée ;
Et contre la volière une cage attachée
      A reçu les vieux bengalis.
Mais la volière en vain retentit de leurs cris ;
      Vainement les jours s'écoulèrent.
Les enfants devant eux passèrent, repassèrent,
      Sans leur porter un grain de chènevis.
Et le troisième jour la cage était muette :
      Les vieux bengalis n'étaient plus.

Le vieillard triomphait, l'épreuve était complète :
Et les fils demeuraient interdits et confus.
Mais qui peut altérer la bonté paternelle ?
« Venez, dit le vieillard, le dîner vous appelle,
« Votre couvert est mis et le sera toujours
      « A notre table héréditaire ;
      « Mais jusqu'au dernier de mes jours,
« Je garderai la place où siégeait mon vieux père,
« Et, si vous m'en croyez, vous direz à vos fils
      « L'histoire de mes bengalis. »

Mars 1864.

www.ingramcontent.com/pod-product-compliance
Lightning Source LLC
Chambersburg PA
CBHW070544050426
42451CB00013B/3173